Belongs to:

....

....

Breakfast
in bed

....

FOR HER

FOR HER

Candlelit dinner

Movie night

FOR HER

FOR HER

Foot rub

Full body
massage

FOR HER

FOR HER

Oral sex

....

//////////////////////////////

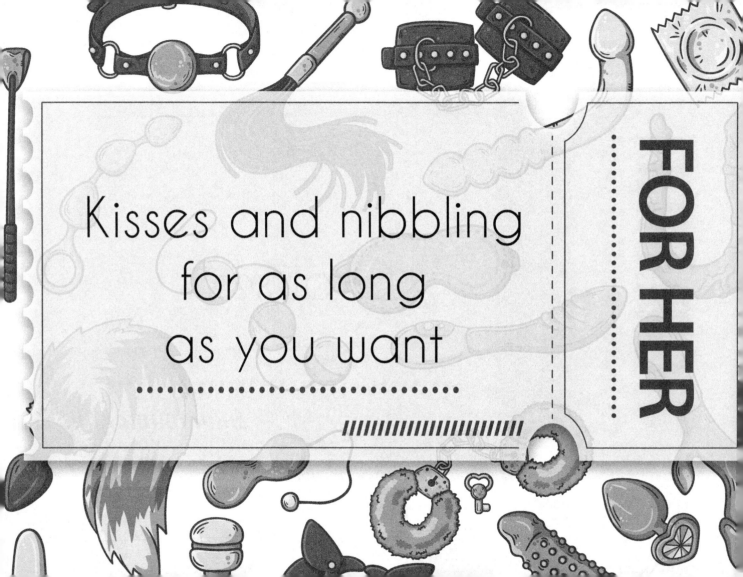

Kisses and nibbling
for as long
as you want

FOR HER

FOR HER

All-round cuddling and licking

Finger and
toe sucking

FOR HER

FOR HER

All-night hard erection for you

For your
multiple orgasms

·······························

||||||||||||||||||||||||||||

FOR HER

FOR HER

Oily massage

Lick till you squirt

FOR HER

FOR HER

Do as you
wish mistress

....

Hugs and
deep kisses

FOR HER

FOR HER

Have some real fun

Stay hard as long as it pleases you

FOR HER

FOR HER

Rub dick for your watching delight

································

//////////////////////////

Turn you on

....

FOR HER

FOR HER

All-night
making out session

Kiss
all the way down

....

FOR HER

FOR HER

Get you
dripping wet

//////////////////////////

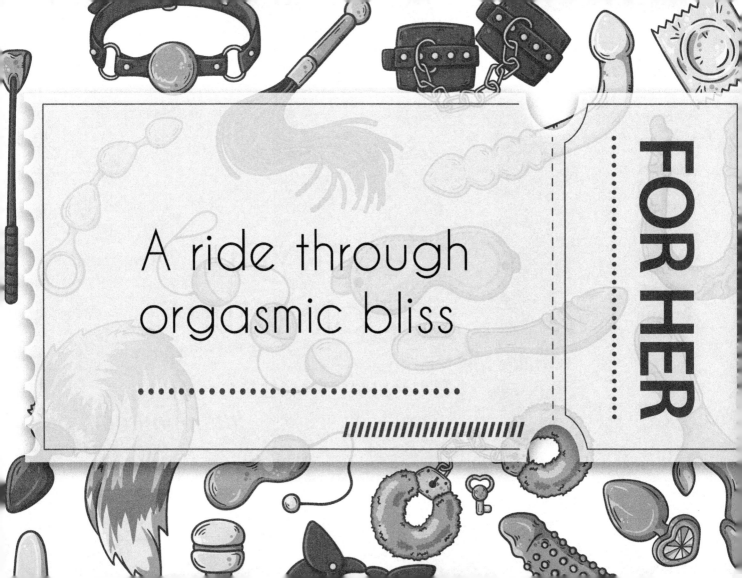

A ride through orgasmic bliss

FOR HER

FOR HER

Crazy dick
to pussy teasing

....

///////////////////////////////

Slow and steady,
at your command!

FOR HER

FOR HER

Aggressive
tongue probing

Gentle or rough?
Just name it!

FOR HER

FOR HER

Blindfold
sensual massage

....

///////////////////////////

Leaves you completely satisfied

FOR HER

FOR HER

Cum only at
your command

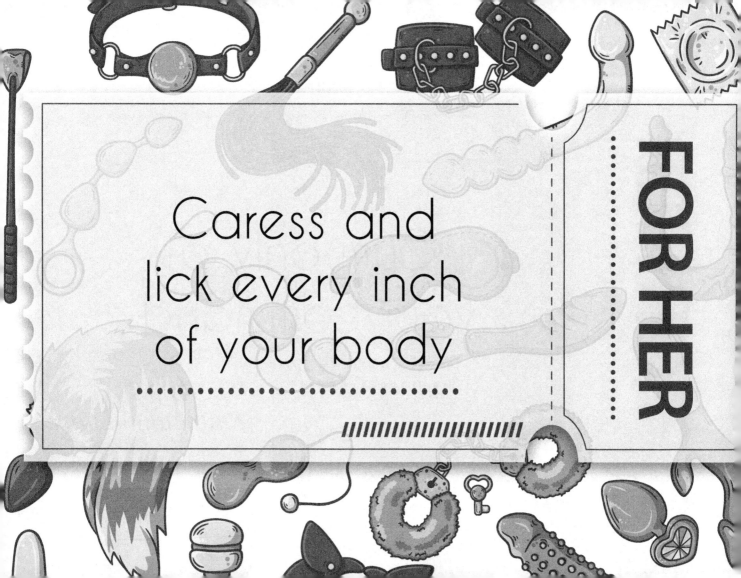

Caress and
lick every inch
of your body

FOR HER

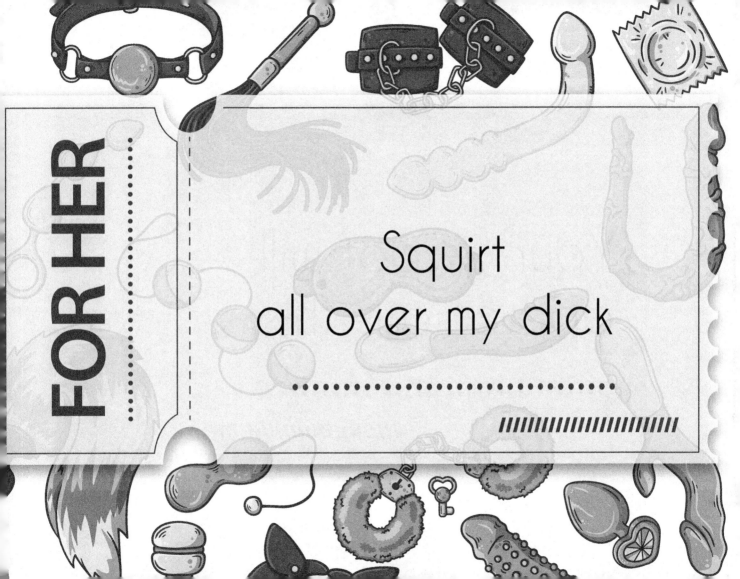

FOR HER

Squirt
all over my dick

Your g-spot will appreciate this

FOR HER

FOR HER

Entire pussy tonguing

Get a session of
undying attention

....

FOR HER

FOR HER

All of me is yours

....

////////////////////////////

Foot fantasies
made reality

FOR HER

FOR HER

Rubbing and sucking on fingers and toes

Cuddle and
play with hair

FOR HER

FOR HER

Nothing serious,
I'll make you cum

....

///////////////////////////

Eat your pussy out

FOR HER

FOR HER

Soft and gentle
leg massage

Coupon for those ready to explore their sex life

FOR HER

FOR HER

Spice up the night with a good clit massage

Full session
of deep tonguing

....

FOR HER

FOR HER

Screaming
moans and
orgasm assured

Nice and cozy
moment with a cutie

·····························

|||||||||||||||||||||||||||

FOR HER

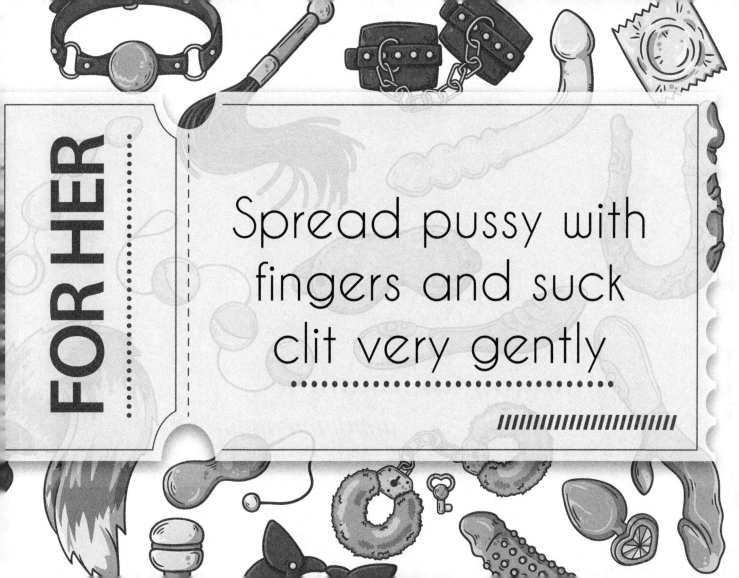

FOR HER

Spread pussy with fingers and suck clit very gently

Dirty talk

FOR HER

FOR HER

Spice up the night
with a good
ass licking

No panties day

FOR HER

FOR HER

Kitchen
pussy licking

30 kisses,
not on the lips!

FOR HER

FOR HER

Rubbing butt with
a pointy tongue

Blindfold doggy style

....

IIIIIIIIIIIIIIIIIIIIII

FOR HER

FOR HER

Sex on the floor

||||||||||||||||||||||||

Fucking with a finger in the ass

FOR HER

FOR HER

Sensual
Shower sex

//////////////////////////

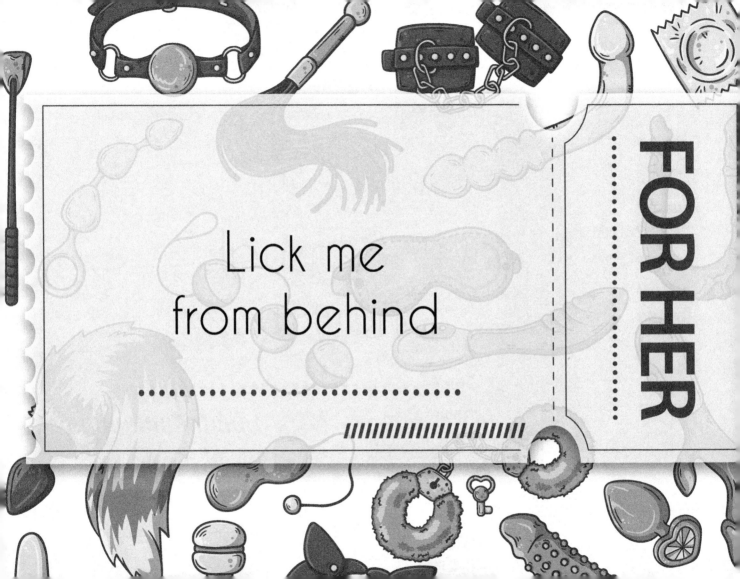

Lick me
from behind

FOR HER

FOR HER

Erotic
movie night

//////////////////////////

Write you own coupon

....

||||||||||||||||||||||

FOR HER

FOR HER

Write you own coupon

....

////////////////////

Write you own coupon

....

FOR HER

FOR HER

Write you own coupon

Write you own coupon

FOR HER

....

FOR HER

Write you own coupon

Printed in Great Britain
by Amazon

37938872R00037